Hartmut Jaeger | Markus Wäsch [Hg.]

WO IST GOTT IM LEID?
DATEN. FAKTEN. WISSENWERTES.

MARKUS WÄSCH

MARKUS WÄSCH

Hartmut Jaeger | Markus Wäsch [Hg.]

WO IST GOTT IM LEID?

DATEN. FAKTEN. WISSENSWERTES.

In der Reihe **kurzgefasst** werden zentrale Glaubensthemen kurz und bündig behandelt, und es wird versucht, das Wichtigste auf den Punkt zu bringen.

Die Bibelzitate entstammen der *NeÜ bibel.heute*
© 2010 Karl-Heinz Vanheiden und Christliche Verlagsgesellschaft Dillenburg

Wäsch, Markus
Wo ist Gott im Leid?

Hartmut Jaeger | Markus Wäsch [Hg.]
Best.-Nr. 271 199
ISBN 978-3-86353-199-7

2. Auflage 2019
© 2016 Christliche Verlagsgesellschaft Dillenburg
www.cv-dillenburg.de
Grundgestaltung: 71a.de - das Werbestudio, Wuppertal
Satz und Cover: Christliche Verlagsgesellschaft Dillenburg
Titelfoto: © Shutterstock.com/Petrafler
Fotos im Innenteil: © Shutterstock.com/KieferPix (Mann); Everett Historical (erfrorener Mann); pashabo (Baum); nature photos (Pflanze)
Druck: GGP Media GmbH, Pößneck

Printed in Germany

Hartmut Jaeger (Jg. 1958), verheiratet, drei Töchter, ist ausgebildeter Lehrer und Geschäftsführer der Christlichen Verlagsgesellschaft in Dillenburg. In ganz Deutschland hält er Vorträge zu Glaubensfragen.

Markus Wäsch (Jg. 1966), verheiratet, eine Tochter, ist nach einem Studium an der Freien Theologischen Hochschule in Gießen seit 1999 als Autor tätig und mit Vorträgen unterwegs – als Evangelist und Bibelschullehrer.

INHALT

WO IST GOTT IM LEID?

Vorwort 7

1. **Eine Welt voller Not und Tod** 11
   Die Qual und die quälenden Fragen 13
   Leid in der Geschichte 15
   Leid auf Golgatha 19

2. **Dies- und Jenseitiges** 25
   Eigenwillige Menschen 26
   Wo kommt das Böse her? 31
   Grenzenlose Liebe 35

3. **Auswirkungen von Leid** 41
   Der Leib und sonst nichts 44
   Leiden sind keine Herren 47
   Wo laufen Sie? 55

Anmerkungen 60

VORWORT

Es gibt Menschen, die klagen, ohne zu leiden. Wirklich betroffen von Unglück und Traurigkeit sind sie nicht, doch sie klagen. Und sie klagen an: »Wie kann Gott nur so viel Leid in der Welt zulassen?« Allgemein eben. Ihnen geht es um eine mehr oder weniger sachliche Auseinandersetzung mit dieser Frage.

Aber es gibt auch die anderen. Diejenigen, die es schwer erwischt hat, die schlimmem Leid ausgesetzt sind. Vielleicht verkraften sie den Tod eines Angehörigen nicht, müssen sich mit Krankheit auseinandersetzen oder mit Depressionen oder mit Arbeitslosigkeit ... Sie verstehen die Welt nicht mehr. Und Gott schon gar nicht. Sie klagen aus gutem Grund. Oder besser: aus bösem Grund. Sie sind verbittert und möchten aufgrund ihres persönlichen Ergehens am liebsten nichts mehr von Gott, der sie scheinbar im Stich gelassen hat, hören.

Und wiederum andere leiden, ohne zu klagen.

In jedem Falle ist das Thema hochsensibel, denn die Frage »Warum lässt Gott das zu?«

hat ihre Berechtigung – ganz gleich, aus welcher Lebenslage heraus sie gestellt wird. Nun will ich mir auf den folgenden Seiten nicht anmaßen, die »Theodizeefrage«[1], wie man sie in Theologenkreisen nennt, beantworten zu können. Ich beantworte hier nicht die Frage, sondern ich schreibe zu dem Thema. Das ist ein Unterschied! Sie werden nicht am Ende das Buch zuklappen und sagen: »Alles klar!« Es werden Fragen offen bleiben. Was ich aber versuchen möchte, ist, Ihnen einige Gedankenanstöße zu vermitteln, die mir persönlich helfen, besser mit dieser Problematik zurechtzukommen.

1. EINE WELT VOLLER NOT UND TOD

Als ich die Nachricht erhielt, dass Karsten tot sei, fiel ich aus allen Wolken. Jahrelang hatten wir bei uns in Mittelhessen in einem Gemeindejugendkreis zusammengearbeitet. Im Dillenburger Kreiskrankenhaus hatte Karsten eine Ausbildung zum Pfleger abgeschlossen und danach eine Anstellung in einer Klinik in Hamburg bekommen. Dort, in Norddeutschland, lernte er ein Mädchen kennen und die beiden gingen eine Beziehung zueinander ein. – So weit, so gut.

Doch dann wurde bei Karsten eine merkwürdige Stoffwechselkrankheit diagnostiziert. Die setzte ihm schwer zu. Er verlor von Woche zu Woche an Gewicht. Der fast 1 Meter 90 große Mann wog, als ich ihn das letzte Mal sah, gerade noch knapp über 50 Kilo. Dann ging aus irgendwelchen Gründen die Freundschaft zu jenem Mädchen in die Brüche. Karstens gesundheitlicher Zustand erlaubte ihm bald auch nicht mehr zu arbeiten ...

Damit waren im Leben dieses jungen Mannes in kürzester Zeit die wesentlichen Stützen, auf denen wir alles aufbauen, eine nach der anderen weggerissen worden: Befinden, Beziehung, Beschäftigung. Karsten nahm sich das Leben. Er setzte sich in seiner Wohnung eine Infusion mit Salzsäure – eine Dosis, mit der man eine Herde Elefanten hätte umbringen können. Man entdeckte den Toten erst ein paar Tage später.

Zwischen dem Bekanntwerden dieser Tragödie und Karstens Beerdigung verbrachte ich manche Stunde bei seinen Eltern Willi und Hannelore. Wir weinten und teilten unsere Erinnerungen miteinander. Bei der Wohnungsauflösung fanden sie an allen denkbaren Stellen Schmerztabletten. Niemand hatte geahnt, wie schlecht es Karsten wirklich gegangen war.

Willi und Hannelore baten mich, bei der Beerdigung einige Worte als Nachruf auf meinen Freund zu sagen. Ich konnte den Trauernden den Wunsch nicht abschlagen. Bis dahin hatte ich schon manche Rede gehalten, doch keine fiel mir derart schwer wie diese in jener Friedhofskapelle. Ich brachte kaum drei Sätze nacheinander heraus, ohne dass es mir wieder den Hals zuschnürte. An Willi und Hannelore direkt gerichtet schloss ich meine Äußerungen mit folgenden Sätzen: »Daneben zu stehen und nicht helfen zu können, das tat damals so weh und das trägt heute so sehr zu eurer Trauer bei. – Wie wollt ihr je wieder fröhlich werden …?«

DIE QUAL UND DIE QUÄLENDEN FRAGEN

Auch mancher von Ihnen, die Sie nach diesem Büchlein gegriffen haben, mag von akuter Trauer betroffen sein, von Enttäuschung, Schmerz und Verzweiflung. Viele Lebensgeschichten sind auch Leidensgeschichten. Jeder, dem einmal der Boden unter den Füßen weggezogen wurde, weiß, welch scheußliches Gefühl das ist, wenn man sich im freien Fall befindet und kein Netz in Sicht ist. »Warum gibt es das Böse?«, »Warum erhört Gott mein Gebet nicht?«, »Warum nahm Gott mir meinen Vater?« W, A, R, U und M – das sind sicherlich die quälendsten fünf Buchstaben unserer Sprache.

Nach meiner Einschätzung ist die Theodizeefrage auch die häufigste, die uns als Christen gestellt wird. Wir sehen uns mit so manchem Vorbehalt konfrontiert. Und die Fragesteller haben ein Recht auf Erwiderung. In dieser Buchreihe *kurzgefasst* ging es bereits grundsätzlich um die Existenz Gottes, auch zum Thema »Leben nach dem Tod« haben wir uns geäußert oder zu der Frage nach den unterschiedlichen Religionen …

Doch kein Einwand, den man dem christlichen Glauben gegenüber vorbringt, kommt öfter vor als dieser: »Warum unternimmt euer Gott – wenn es ihn denn überhaupt gibt – nichts gegen das viele Unheil, das weltweit an der Tagesordnung ist?«

Will oder kann Gott nicht anders? Wer das schnelle Ergebnis sucht, dem stellen sich genau diese beiden Alternativen. Erstens: Gott könnte zwar, aber er will nicht helfen.

»Hat er gepfuscht und womöglich die Kontrolle über sein Experiment verloren? Ist er seiner widerspenstigen, nutzlosen Laborratten inzwischen überdrüssig geworden? Oder ist alles noch einmal ganz anders: Kann es sein, dass Gott nur ein sadistischer Spieler, ein kosmischer Spaßvogel ist ...?«[2]

Würde er dann aber nicht wegen mangelnder Liebe als Gott ausscheiden?

Zweitens: Gott will zwar eingreifen, aber er kann es nicht. Irgendwie scheinen ihm die Hände gebunden zu sein. Doch in dem Falle wäre Gott doch wegen mangelnder Allmacht als Gott erledigt, oder nicht?

Wie also kann es einen allmächtigen, liebenden Gott geben, wenn gleichzeitig das Böse so unübersehbar und so ungebremst existiert? Sitzt

Gott in seinem himmlischen Schaukelstuhl und schweigt zu den vielen Krisen, Krankheiten, Katastrophen und Kriegen? Und schweigt er auch zu den Klagen und Anklagen sich selbst gegenüber?

Wir wollen einen kurzen Ausflug in die Geschichte unternehmen, einen Gang durch die Welt, in der uns das Elend wie ein Rudel Wölfe auf Schritt und Tritt verfolgt. Ich möchte Sie zu einem Punkt in der Vergangenheit hinführen, der hinsichtlich unserer Frage von hoher Bedeutung ist.

LEID IN DER GESCHICHTE

Eines der traurigsten Bilder des Jahres 2015 ging Anfang September um die Welt. Ein syrisches Kleinkind liegt tot auf dem Bauch am Strand von Bodrum (Türkei), ertrunken auf der Flucht vor dem Krieg in seiner Heimat. Auf den ersten Blick wirkt der Junge fast friedlich in seinem roten T-Shirt, seiner blauen Hose und den Kinderschuhen, als würde er schlafen – doch er atmet nicht mehr, die Ärmchen sind nach hinten gestreckt, das Gesicht ist starr. Der Junge hieß Aylan Al-Kurdi und starb auf dem Weg nach Europa. Seine Eltern wollten sich zusammen mit ihm in Sicherheit begeben, in ein Leben ohne Krieg und Angst. Ein Kind! Was hat es verbrochen? Warum musste das Flüchtlingsboot sinken, in dem Aylan gesessen hatte?[3]

Oder der Zweite Weltkrieg: Der Bombenhagel hatte das Gesicht von ganz Europa verändert. Abermillionen Gefallene. Frauen warteten vergeblich auf die Heimkehr ihrer Männer, Kinder auf die ihrer Väter ... (Und dabei war nur jedes zehnte Opfer ein deutscher Soldat. Denken wir nur einmal an den Feldzug gegen die Sowjetunion: Schätzungen gehen allein in Leningrad von über einer Million ziviler Opfer aus, die dort zwischen 1941 und 1944 ihr Leben verloren.)

Wo war Gott im Zweiten Weltkrieg? Etwa auf den Gürtelschnallen, die die Soldaten der Waffen-SS trugen? Dort standen die Worte: »Gott mit uns«. Ich las die Geschichte eines Soldaten dieses Kampfverbandes. Nennen wir ihn Schubert. Im Schützengraben hatte er einen Steckschuss im rechten Hüftgelenk erlitten. Zu Kriegszeiten konnte dieser nicht operiert werden; nach dem Krieg machte er weiter keine Probleme, außer dass Herr Schubert etwas hinkte. Allerdings kam es im Alter zu einer Vereiterung der Gelenkpfanne, aus der eine irreversible Allgemeinsepsis wurde. Als der Schwerkranke merkte, dass es zu Ende ging, versammelte sich die Familie an seinem Bett. Der Enkel berichtet:

»Meine Oma war völlig aufgelöst und wollte unbedingt einen Pfarrer kommen lassen. Als mein Opa dies hörte, waren seine Worte: ›Was soll ich denn mit 'nem Pfaffen? Wo war denn Gott, als neben mir im Graben 15-jährige Jungs und 60-jährige Alte abgeschlachtet wurden? Wo war Gott, als Hitler die ganzen Millionen Soldaten und andere in den Tod trieb mit falschen Versprechungen und klugen Sprüchen? Und wo war dieser Gott, als der Sanitäter, der mich im Graben im Dreck zwischen hunderten Toten notdürftig verband, während er mich rettete, einen Kopfschuss erhielt und sterben musste, weil er mir als seinem Kameraden das Leben rettete? Geht mir weg mit Gott und Pfaffen!‹«

Herr Schubert starb noch am selben Tag. Bei seiner Beerdigung sprach ein nicht-kirchlicher Trauerredner ohne jeden geistlichen Bezug. Es sprach auch ein Kriegskamerad von damals, der einfließen ließ, dass jene Worte auf den Koppelschnallen der Soldaten »die größte Lüge auf Erden« gewesen seien.[4]

Und was ist mit den Juden? Werden die nicht das »Volk Gottes« genannt? Müsste Gott nicht wenigstens auf seine eigenen Leute achtgeben? Der Film *Schindlers Liste* von Steven Spielberg aus dem Jahr 1994 beschreibt den Holocaust vielleicht realistischer als jeder andere

Darstellungsversuch. Man bekommt einen erschütternden Eindruck davon, wie Menschen jüdischer Abstammung willkürlich ermordet wurden. Als Zuschauer hasst man den von Ralph Fiennes gespielten SS-Hauptsturmführer Amon Leopold Göth (1908–1946), Kommandant im Konzentrationslager Plaszow, den es ja tatsächlich gab. Wo war Gott dort oder in Auschwitz?

Und auch die Christen beanspruchen, Gottes Leute zu sein. Die Urgemeinde hatte sich in Sachen Selbstlosigkeit Jesus als Vorbild genommen. Es heißt von ihr: »*Wer ein Grundstück oder anderen Besitz hatte, verkaufte es und verteilte den Erlös an die Bedürftigen ... Sie lobten Gott und waren im ganzen Volk angesehen*« (Apostelgeschichte 2,45.47a). Diese Hochachtung allerdings wurde von den Römern nicht geteilt. Sie *miss*achteten die Christen, weil sie sich heimlich trafen und weil wilde Gerüchte entstanden, was die Praktiken der christlichen Gottesdienste betraf. Kaiser Nero (37–68 n. Chr.) ließ Christen in Tierhäute stecken und als nächtliche Fackeln verbrennen. Später warf man die Jesus-Nachfolger in den Theatern unter dem Gespött des Publikums ausgehungerten Raubtieren zum Fraß vor, weil sie nicht an der verordneten Götterverehrung teilnahmen. Noch bis Kaiser Diokletian (ca. 240–312 n. Chr.) vergossen die

Römer fast 250 Jahre lang während der ersten
Christenverfolgung literweise Blut. War der
Arm Gottes zu kurz, um einzugreifen?

LEID AUF GOLGATHA

Von da an müssen wir das Rad der Leidensgeschichte nicht mehr viel weiter zurückdrehen, um bei ihm anzukommen: bei Jesus, bei dem Geschändeten. Schon vor seiner Passion war er konfrontiert worden mit Hunger und mit Trauer, schließlich auch mit Verfolgung, Angst und Schmerzen. Die Drahtzieher seiner Verurteilung waren Juden. Wenn sich die Juden während des Holocausts in bestimmten Fällen vielleicht noch gegenseitig helfen konnten, stand Jesus niemand bei. Im Gegenteil. Seine eigenen Volksgenossen schrien vor seinem Richter: »Kreuzige ihn!«

Verraten worden war Jesus durch den sogenannten Judaskuss. Eigentlich drückt ein Kuss Zuneigung aus. Judas jedoch, einer der Vertrauten von Jesus, hatte dieses Zeichen mit den Widersachern vereinbart, um ihnen den Gesuchten ans Messer zu liefern. Welch eine Heuchelei war dieser Kuss! Jesus hätte Judas zurechtweisen – oder besser: ihm ins Gesicht spucken – sollen! Doch nichts dergleichen geschah. Jesus ließ sich festnehmen und leistete bei allem, was folgte, nicht den geringsten Widerstand.

Jesus wurde in Jerusalem vor dem römischen Statthalter angeklagt. Er hat »*gelitten* unter Pontius Pilatus«, so steht es im zweiten Artikel des sogenannten Apostolischen Glaubensbekenntnisses. Irgendwelche charakterlichen Grobmotoriker hatte man bestochen, um gegen Jesus auszusagen. »Er hat einen Anschlag auf unseren Tempel geplant«, behaupteten sie etwa. Nach seiner ungerechtfertigten Verurteilung war Jesus dem Spott der römischen Soldaten ausgeliefert. Diese verhüllten ihm die Augen, schlugen ihn und stellten Jesus die Aufgabe, herauszufinden, von wem er wohl den jeweiligen Hieb abbekommen habe. Zu ihren Streichen gehörte auch die Dornenkrone, die sie Jesus auf den Kopf drückten. Und bei alledem schwieg Jesus. – Ja, schweigt denn Gott grundsätzlich im Angesicht von Leid?! Jesus schwieg ..., so, als wollte er sagen: »Ihr wisst doch genau, wer hier im Unrecht ist.«

Sein Kreuz musste Jesus selbst aus der Stadt hinaustragen – hin zu dem berüchtigten Hinrichtungshügel namens Golgatha. Jesus wird wegen der vorangegangenen Folter bereits derart geschwächt gewesen sein, dass er unter der Last der schweren Balken zusammengebrochen sein muss. Einen Mann aus Nordafrika, Simon von Kyrene, forderten die Römer auf, diese anstelle von Jesus zu buckeln. Auf Golgatha angekommen legte man Jesus auf das Kreuz und nagelte seine Hände und Füße daran fest. Man richtete den schweren Pfahl auf und wuchtete ihn in den dafür vorgesehenen Schacht.

Da hing nun der, über dessen Kopf auf einem Schild zu lesen war: *IESUS NAZARENUS REX IUDAEORUM* (Jesus aus Nazareth, König der Juden). Die Schaulustigen unter dem Kreuz schüttelten ihre Köpfe, heißt es.[5] Das Einzige, was ein Gekreuzigter noch bewegen konnte, war sein Kopf. Sich vor Schmerzen windend werden die Hingerichteten ihre Köpfe hin und her bewegt haben. Und die Leute unten standen da und äfften Jesus nach. Wie boshaft können Menschen sein!

Hatte Jesus, der dienende König, eine solche Behandlung verdient? Er, der doch immer auf der Seite der Schwachen gestanden hatte? So vielen hatte er geholfen. Für jeden hatte er das passende Wort gehabt. Wie sehr lagen ihm die Menschen am Herzen! Erst zwei Tage vor seiner Gefangennahme hatte er noch vor der Stadt gestanden und geweint: »*Jerusalem, Jerusalem, du tötest die Propheten und steinigst die Boten, die zu dir geschickt werden. Wie oft wollte ich deine Kinder sammeln, wie die Henne ihre Küken unter die Flügel nimmt. Doch ihr habt nicht gewollt«* (Matthäus 23,37).

Mit einem Mal wurde es stockfinster über Golgatha – und das mitten am Tag.[6] Ein eigenartiges und zeitlich genau abgestimmtes Naturphänomen. Dann schrie Jesus mit seinen letzten Reserven in die Dunkelheit hinein: »WARUM ...?«

Nun sind wir an einem entscheidenden Punkt angelangt. Jesus Christus, der Sohn Gottes höchstpersönlich, stellt hier die Warum-Frage. Jenes exemplarische »Warum ...?« kann uns entscheidend weiterhelfen. Vollständig ist der Ausruf wie folgt überliefert: »*Mein Gott, mein Gott, warum hast du mich verlassen?*« (Matthäus 27,46b). Das ist mehr als eine Frage.

Das Neue Testament klärt uns an verschiedenen Stellen darüber auf, dass Jesus stellvertretend am Kreuz für unsere Sünden starb. Petrus schreibt: »*In seinem Körper hat er unsere Sünden auf das Holz hinaufgetragen, damit wir – für die Sünden gestorben – nun so leben, wie es vor Gott recht ist*« (1. Petrus 2,24a). Jesus übernahm die Verantwortung für unsere Sünde, unsere Schuld, unser Versagen. Jesus hat am Kreuz das Gericht Gottes über die Sünde der ganzen

Welt erlitten. Und so schrie er seine Verzweiflung über die Tatsache heraus, dass sich der absolut reine, heilige Gott von ihm abwenden musste.

»Warum hast du mich verlassen?« Das größte Leid ist die Trennung von Gott! Diese Feststellung ist der Ausgangspunkt für die folgenden Überlegungen.

2. DIES- UND JENSEITIGES

Ein Mensch von Gott verlassen – das war bis dahin noch nie vorgekommen. Sehr wohl aber gab und gibt es den umgekehrten Fall, dass nämlich Menschen Gott verlassen haben. Immer wieder, wenn Propheten *vor* Christus über Leid und Unglück nachdachten, kamen sie zu dem Ergebnis, dass dies die Folgen der Abwendung von Gott seien. Menschen meinten und meinen, Gott nicht nötig zu haben. Sie wollen selbstbestimmt leben und kehren so ihrem Schöpfer den Rücken zu. Sie versuchen es ohne Gott und rennen geradewegs in ihr Verderben.

Um es schwarz-weiß auszudrücken: Gott ist ein Gott der Ordnung[7], das heißt, dass jenseits von ihm Chaos herrscht. Gott ist ein Gott des Friedens[8], das heißt, dass jenseits von ihm Krieg geführt wird. Gott ist ein Gott der Liebe[9], jenseits von ihm gibt es Hass. Jenseits von Gott – also in der Gottesferne – müssen wir mit dem größten Leid rechnen. Das bestätigen auch die großen Zusammenhänge, die Gott uns eröffnet: Im Garten Eden gab es noch kein

Leid. Im Himmel wird es kein Leid mehr geben. Aber in der Gegenwart gibt es das Leid, gibt es Schmerzen, Schweiß und Tod. Der Sündenfall, von dem uns zu Beginn der Bibel berichtet wird, hat die gesamte Schöpfung in Mitleidenschaft gezogen.

EIGENWILLIGE MENSCHEN

Die meisten Bürden, die Menschen mit sich herumschleppen, haben sie sich selbst auferlegt – nicht Gott. Es war nicht Gottes Idee, in Japan – einem der erdbebengefährdetsten Länder der Welt – Atomkraftwerke zu bauen. Die Nuklearkatastrophe von Fukushima kann man nicht Gott anlasten. Es ist auch nicht Gott, der in Syrien das Gewehr gegen Menschen erhebt. Es ist nicht Gott, der betrunken nach Hause kommt und seine Frau und seine Kinder schlägt. Und so weiter. Der irische Schriftsteller und Literaturwissenschaftler C. S. Lewis (1898–1963) schreibt in seinem Buch *Über den Schmerz:*

»Armut und Überarbeitung sind nicht durch die Kargheit der Natur bedingt, sondern durch menschliche Habgier und menschliche Dummheit.«[10]

So gibt auch der im Dezember 2010 in der Sendung *Wetten, dass ...?* verunglückte Samuel

Koch nicht Gott die Schuld dafür, dass er nie wieder laufen und nie mehr selbstständig wird leben können:

»Ein allwissender Gott hat natürlich vorher gewusst, was passieren würde, und er hat es nicht verhindert – aber mehr kann ich ihm wirklich nicht vorwerfen. Ich war es, der die freie Entscheidung getroffen hat, über dieses Auto zu springen.«[11]

Wir waren es. Menschen sind die Leidtragenden, aber Menschen sind allzu oft auch die Leidbeitragenden – nicht selten aus menschlicher Habgier und menschlicher Dummheit. Wenn wir ehrlich sind, müssen wir zugeben, dass wir vieles falsch machen, dass wir unvollkommen sind, dass wir versagen, dass wir sündigen. Die besagte Trennung von Gott war die freie Entscheidung von seinen sich selbstständig gemachten Geschöpfen.

Im Johannesevangelium, Kapitel 9, sind wir dabei, wie Jesus und seine Freunde an einem blinden Bettler vorbeikommen, der da am Wegesrand sitzt. An jenem Tag ist Sabbat, also Ruhetag. Auf dem Marktplatz geht es gelassener zu als sonst und der Bedauernswerte bekommt nur wenig Geld in seinen Hut. Dafür kriegt er eins auf den Deckel, als er eine Unterhaltung mit anhört. »*Rabbi, ... wie kommt es, dass er blind geboren wurde? Hat er selbst gesündigt oder seine Eltern?«* (Johannes 9,2), wird Jesus von seinen Jüngern gefragt und es klingt beinahe frech ... So geht das: Wenn einer in irgendeinem Bereich nicht perfekt ist, wird er schnell fertiggemacht. Die Jünger ohne Jesus hätten den Mann links sitzen gelassen. Sie wären vorübergegangen und hätten ihn gedanklich verurteilt.

»Hat er selbst gesündigt oder seine Eltern?« Eine Beobachtung von Philip Yancey beim Nachdenken über diesen Text ist interessant:

»Ich habe festgestellt, dass sich die Sichtweise der Menschen, was Unglück und Elend betrifft, seit der Zeit Jesu drastisch verändert hat. Heutzutage geben wir eher Gott die Schuld ...«[12]

Die Jünger dagegen machen sich ihre Gedanken um den Betroffenen. Dabei ist der erste Teil der Frage schwer verständlich: »er selbst«. Bedenken Sie: Er war blind geboren! Er hätte also vor seiner Geburt sündigen müssen, wenn sein Leiden eine selbst verschuldete Strafe wäre. Der zweite Teil der Frage leuchtet schon eher ein: »seine Eltern«. Das würde aber heißen, dass er die Folgen der Sünde seiner Vorfahren hätte tragen müssen. Wäre das gerecht?

Blindheit kann zwar durchaus Folge einer Geschlechtskrankheit der Eltern sein,[13] Jesus aber beendet die Mutmaßungen: »*Es ist weder seine Schuld noch die seiner Eltern*« (Vers 3). Es ist nicht seine persönlich-protokollierte Schuld. Bestreitet Jesus aber damit den Zusammenhang von Sünde und Leid?

Leid hat etwas mit Sünde zu tun – und zwar *generell*, nicht unbedingt individuell. Das heißt, man darf beispielsweise einem Kranken nicht persönlich vorhalten: »Gott straft dich, weil in deinem Leben irgendeine Sünde verborgen sein muss ...« Nein, Leid ist allgemein die Folge der Abkehr des Menschen von Gott. Gott lässt dem Volk Israel durch den Prophet Jeremia ausrichten: »*Deine Bosheit bringt dich ins Unglück, dein treuloses Treiben führt die Strafe herbei. Sieh doch ein, wie schlimm und bitter es ist, Jahwe, deinen Gott, zu verlassen und keine Ehrfurcht zu haben vor mir, spricht Jahwe, der Herr, der allmächtige Gott*« (Jeremia 2,19). Und schon etwa hundert Jahre vorher prophezeite Jesaja: »*Seht es doch: Jahwes Arm ist zum Helfen nicht zu kurz, sein Ohr ist zum Hören nicht zu taub! Nein, eure Vergehen haben die Mauer gebaut, die zwischen euch und eurem Gott steht. Eure Sünden verhüllten sein Gesicht, dass er euch auch nicht anhören will*« (Jesaja 59,1-2).

Dass ein Mensch von Gott verlassen wurde, das hat es mit Ausnahme von Jesus am Kreuz in der Geschichte Gottes mit den Menschen noch nie gegeben. Im Gegenteil. Gott geht den Sündern nach. Er ruft sie zur Umkehr auf. Er weiß besser als wir: Ein Leben in Sünde geht nicht gut aus. »Warum hast du mich verlassen?« – das müsste eigentlich Gott rufen: »Mein Kind, mein Kind, warum hast du mich verlassen? Das ist schlimm und bitter!«

In der amerikanischen Fernsehsendung *The Early Show* wurde 2001 Anne Graham Lotz, die Tochter des berühmten Erweckungspredigers Billy Graham, vor dem Hintergrund von 9/11 die Frage gestellt: »Wie konnte Gott das zulassen?« Annes Antwort hat viele bewegt:

»Ich glaube, dass Gott durch diesen Angriff tief betrübt worden ist, wie wir alle. Aber über Jahre haben wir Gott gebeten, unsere Schulen zu verlassen, unsere Regierung zu verlassen – einfach unser Leben mit seiner Gegenwart nicht mehr zu behelligen. Und weil er ein Gentleman ist, hat er sich ganz still zurückgezogen. Wie können wir erwarten, dass Gott uns seinen Segen und Schutz gibt, wenn wir ihn bitten, uns gefälligst in Ruhe zu lassen?«[14]

Dann beschrieb sie anhand konkreter Beispiele, wie in der westlichen Welt etwa Unmoral gefördert oder Abtreibung toleriert wird, und zitierte schließlich den Bibelvers: »*Was der Mensch sät, wird er auch ernten*« (Galater 6,7).

WO KOMMT DAS BÖSE HER?

Wie kommt es, dass Menschen so fehlerhaft, ja, teils böse sind? Gläubige gehen davon aus, dass Gott den Menschen mit allem Drum und Dran erdacht und gemacht hat. Also trägt dann nicht letzten Endes doch Gott die Verantwortung?

Was aber ist das Böse überhaupt? Wir sprechen von bösen Taten wie Betrug, von bösen Menschen wie Adolf Hitler, von bösen Ereignissen wie Tsunamis oder Erdbeben oder von bösen Krankheiten wie Krebs. Aber was ist »das Böse« an sich? Ist es ein Element, gegenständlich, stofflich? Eine Substanz, die Teile der Schöpfung befällt und schlechtmacht wie ein Virus? Oder ist es eine mit dem Guten konkurrierende Macht im Universum wie bei *Star Wars*?

Was wir verneinen können, ist, dass das Böse eine Substanz ist. Es ist vielmehr ein Mangel. Sobald einer Sache das Gute fehlt, ist sie böse. Wenn es zum Beispiel jemandem an Ehrfurcht vor menschlichem Leben mangelt, dann ist er oder sie fähig, zu morden. Das Böse existiert, aber nicht dinghaft. Es ist wie mit der Kälte oder der Dunkelheit. Physikalisch gesehen gibt es keine Kälte. Das, was wir für Kälte halten, ist in Wirklichkeit die Abwesenheit von Wärme. Das Wort »Kälte« haben wir erfunden, um zu beschreiben, wie wir uns ohne Wärme fühlen. Genauso ist es mit der Dunkelheit. Auch die gibt es nicht. Sondern Dunkelheit ist nur die Abwesenheit von Licht. Licht können wir erforschen, Finsternis nicht. Man kann ein Prisma dazu verwenden, weißes Licht in viele Farben zu brechen, und kann die verschiedenen Wellenlängen jeder Farbe untersuchen. Doch Finsternis kann man nicht messen; man misst die Menge des vorhandenen Lichts. »Finsternis« ist ein Begriff, den wir benutzen, um den Zustand ohne Licht zu beschreiben.

Gibt es das Böse? Natürlich. Wir sehen es jeden Tag. Jede Gewalttat ist eine schauderhafte Bestätigung. Doch auf die Frage »Was ist das Böse?« können wir nichts weiter sagen, als dass es die Abwesenheit des Guten ist. Es ist – genau wie »Kälte« oder »Finsternis« – ein Wort, von Menschen gemacht, um die Abwesenheit Gottes zu beschreiben. Das Böse ist das Ergebnis dessen, was geschieht, wenn sich Gottes Liebe nicht in den Herzen von Menschen befindet.

Gott hat das Böse also nicht erschaffen. Er machte alles »sehr gut«[15]. Wie kam das Böse ins Spiel? Wenn Adam und Eva vollkommen waren, wie konnten sie fallen? (Die Schlange können wir nicht beschuldigen; das hebt die Frage nur auf eine andere Ebene: Auch die Schlange war ursprünglich »sehr gut« gemacht!)

Gottes Schöpfung beinhaltet, dass unter den vollkommenen Dingen freie Geschöpfe waren. Und freier Wille macht das Böse möglich. Ein wesentlicher Teil unserer Vollkommenheit ist unsere Freiheit. Wir sind »freie Wähler«, soll heißen: Wir sind in der Lage, eigenständige Entscheidungen zu treffen. Damit hat Gott uns so gemacht, dass wir ihn und einander selbstbestimmt lieben können. Liebe lässt sich schließlich nicht erzwingen. »Lieb mich, sonst knallt's!« ist kein vielversprechender Anmachspruch. Mit der uns verliehenen Möglichkeit, freie Entscheidungen zu treffen, ging Gott allerdings ein Risiko ein, denn freie Wesen können nicht nur das Gute wählen, sondern auch das Böse. Ist Gott deshalb für das Böse verantwortlich?

Stephan Holthaus von der *Freien Theologischen Hochschule* in Gießen fasst das Ganze wie folgt zusammen:

»Christen haben kein fanatisches Weltbild, in dem alle Ereignisse des Lebens von Gott gesteuert werden und damit ein unveränderliches Schicksal sind. Wir können Gott nicht für unsere Fehler verantwortlich machen. Um es deutlich zu sagen: Gott hat nichts mit Auschwitz zu tun! Der Holocaust sagt alles über die Boshaftigkeit des Menschen, aber nichts über das Wesen Gottes.«[16]

Und der amerikanische Apologet Norman L. Geiser bringt das, was wir soeben bedacht haben, exzellent auf den Punkt:

»Gott schuf die Realität der Freiheit; wir führen die Handlungen der Freiheit aus. Er machte das Böse möglich; die Menschen machten das Böse wirklich.«[17]

Warum schafft Gott in seiner Allmacht das Böse nicht einfach ab? Hier gibt es zwei Antworten. Zum einen kann nicht das Böse abgeschafft werden, ohne damit gleichzeitig auch die Freiheit abzuschaffen. Die Freiheit – so sagten wir – wurde uns gegeben, damit wir lieben können. Liebe ist unmöglich ohne die Fähigkeit, zu entscheiden. Würde uns die Freiheit genommen, könnten so zwar möglicherweise die schwerwiegenden Probleme in der Welt gelöst werden, aber wir wären nicht mehr fähig, zu lieben. Wer wollte auf Liebe verzichten?

Und zweitens: Nur weil das Böse bis zu diesem Augenblick noch nicht abgeschafft ist, bedeutet das nicht, dass es niemals abgeschafft werden wird. Nur weil wir uns in unseren gewohnten Dimensionen bewegen, heißt das nicht, dass es darüber hinaus nichts mehr gibt oder geben wird und dass Gott etwas, das er bis heute nicht getan hat, auch in Zukunft nicht tun wird. Gott ist mit uns noch nicht am Ende. Das letzte Kapitel ist noch nicht geschrieben.

GRENZENLOSE LIEBE

Wenn wir über Jesus am Kreuz nachgedacht haben, dann ist nicht nur wichtig, *wie* er da leidet – entscheidend ist, *wer* da leidet! Er war kein Verbrecher. Er war nicht einmal einfach nur ein Mensch. Jesus war Gott und Mensch zugleich. Pfarrer Siegfried Kettling, früherer Studienleiter an der *Evangelischen Missionsschule Unterweissach*, beschreibt, wie Jesus als wahrer Mensch nah bei uns steht, uns als Stellvertreter vor Gott vertritt, sein Leben lässt, statt sich von uns Menschen zu trennen; und wie Jesus als wahrer Gott beim Vater steht, sich von Menschen foltern und töten lässt, statt sich von ihm, Gott, zu trennen. Kettling schließt:

»So hält Jesus im Sterben beide fest, Gott und uns Menschen, den Vater und die (wild rebellierenden) Brüder. So schmiedet er am Kreuz beide untrennbar zusammen: den heiligen und unbegreiflich liebenden Gott und die sündigen, gegen ihren Schöpfer aufbegehrenden Menschen. Im Sterben seines Sohnes zieht Gott das Leiden der Welt auf sich.«[18]

> Mit dem Verstand ist das kaum zu begreifen. So dunkel, wie es über Jerusalem wurde, als Jesus starb, so dunkel und undurchschaubar ist für unser inneres Auge das, was damals wirklich geschah, als Gott über seinen Sohn Gericht hielt. Doch wenn unser Verstand auch kapituliert, muss dies nicht auch auf unser Herz zutreffen.
>
> Im Evangelium, der guten Nachricht von Jesus Christus, lässt sich das Heilshandeln Gottes erkennen. In Jesus rettet Gott Menschen und schenkt ihnen neues, beständiges, göttliches, kurz: ewiges Leben. Die christliche Tradition hat dieses Heilshandeln von dem Welthandeln Gottes unterschieden. Ersteres zeigt einen erbarmungsvollen Gott; Letzteres dagegen erscheint uns dunkel und rätselhaft. Warum bewahrt Gott zum Beispiel manche Missionare bei gefährlichen Einsätzen, während andere, die sich genauso von der Liebe motiviert eingesetzt haben, auf dem Missionsfeld umkommen?

Leute sind angetan von der Liebe Gottes, die in Jesus zum Vorschein kommt, und dann sehen sie andererseits das Elend in den Nachrichten oder ihrem eigenen Umfeld und geben ihren aufkeimenden Glauben gleich wieder auf. Ihre Zweifel fragen nach der Präsenz Gottes in der Welt. Beides – Gottes rätselhaftes Welthandeln wie auch sein erbarmendes Heilshandeln – ist nicht durchschaubar, aber es ist durchglaubbar.

Christen verfolgen in den Medien dieselben schrecklichen Nachrichten wie Gottesleugner. Sie sind genauso erschüttert von der grenzenlosen Ungerechtigkeit in der Welt. Und sie tun sich schwer mit ihren Erklärungsversuchen, um Gott zu verteidigen. Aber sie glauben. Sie durchglauben die Weltereignisse und noch viel mehr ihre ganz persönlichen Krisen. Sie halten fest an Gott und er hält sie. Der Kieler Theologe Claus Harms (1778–1855) schrieb in einem Lied, wie es viele Christen empfinden:

»›Dennoch‹ ist ein schönes Wort,
›dennoch‹ heißt mein Glaube;
›dennoch‹ sag' ich fort und fort,
ob ich lieg' im Staube,
ob ich steh'
auf der Höh'
in des Glückes Schimmer,
›dennoch‹ sag' ich immer.«[19]

Mir gefällt ein Vergleich, den Corrie ten Boom (1892–1983) gerne gebrauchte. Corrie wuchs in den Niederlanden in einer Großfamilie auf. Als 1940 der Krieg nach Holland kam, versteckte Familie ten Boom mehrere jüdische Familien hinter einem Bretterverschlag im Haus. Nach eineinhalb Jahren flog die Sache auf und die ganze Familie wurde verhaftet. Zusammen mit ihrer Schwester Betsie wurde Corrie ten Boom ins Konzentrationslager Ravensbrück deportiert. 1944 wurde sie wegen eines Irrtums der SS entlassen.

Wirklich wegen eines Irrtums? Oder weil Gott ein Wunder getan hatte? Jedenfalls wurden kurz darauf ihre restlichen Blockmitgefangenen allesamt ermordet. Nach dem Krieg hielt die überzeugte Christin viele Vorträge in über 60 Ländern. Ihr zentrales Thema war »Vergebung«. Wenn Corrie ten Boom zum Thema »Leid« gefragt wurde, gebrauchte sie gern folgendes Bild:

»Das Leben ist wie ein Teppich, an dem immer gearbeitet wird. Es werden Fäden und Farben zu einem Muster zusammengefügt. Allerdings betrachten wir den Teppich nur von der hässlichen Rückseite. Die Farben stimmen nicht und es hängen Fäden, mal kurze, mal lange, heraus. Bis an die Schwelle unseres Todes sehen wir den Teppich nur von der Rückseite. Dann aber, im Licht der Ewigkeit, wird er herumgedreht. Und plötzlich sehen wir: Es ist ein farbenprächtiges, herrliches und sinnvolles Muster. Man erkennt das sinnvolle Ganze, trotz der Verwirrung durch die hässliche Rückseite. Wir werden am Ende unseres Lebens feststellen, dass selbst Trauer, Tränen, Leid und Not nur Umwege zu Gottes herrlichem Ziel waren.«[20]

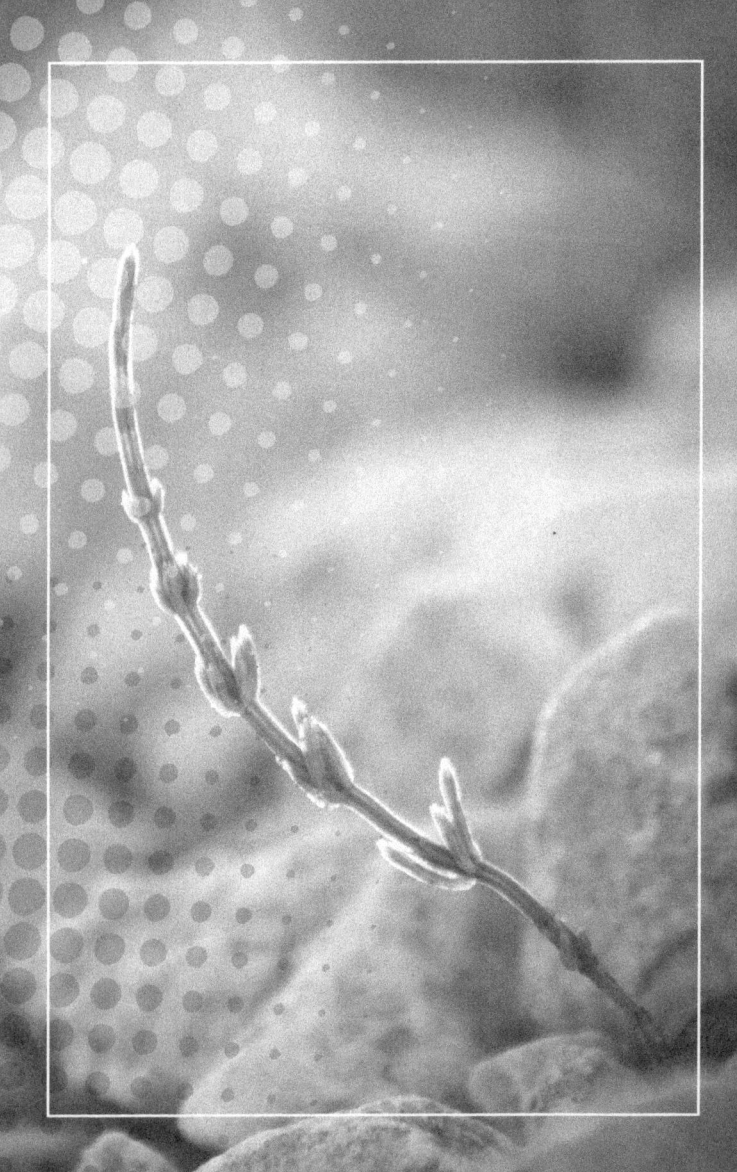

3. AUSWIRKUNGEN VON LEID

Der englische Schriftsteller und Journalist G. K. Chesterton (1874–1936) stellte fest:

»Wenn der Glaube an Gott schwierig wird, gibt es die Tendenz, sich von ihm abzuwenden; aber abwenden, wohin um Himmels willen?«[21]

Verzweiflung kann einen dahin bringen, Gott eine Absage zu erteilen und seinen Weg fortan gottlos zu gehen. Doch hat so jemand nicht ein doppeltes Problem? Seine schwierigen Umstände ändern sich nicht. Und was noch dazukommt, ist, dass ihn dann niemand mehr begründet trösten oder ihm Hoffnung vermitteln kann, eine Hoffnung nämlich, die über das Leben hier hinausgeht.

Ein Mann, völlig am Ende, ergießt seine ganze Verzweiflung in den folgenden poetisch und pathetisch klingenden Sätzen:

»*Warum starb ich nicht bei der Geburt, als ich aus dem Mutterschoß kam? Weshalb kamen mir Knie entgegen, wozu Brüste, dass ich daran sog? Dann läge ich jetzt schon und ruhte aus, dann schliefe ich und hätte Ruhe ... Oder als verscharrte Fehlgeburt wäre ich nicht da, wie ein Kind, das das Licht nie sah. Dort endet das Wüten der Bösen, dort ruhen die Erschöpften aus. Gefangene sind frei von Sorgen, hören das Geschrei des Antreibers nicht.«*[22]

Diese Zeilen gehen auf Hiob zurück. Haben Sie je von dem schrecklichen Leiden des Hiob gelesen? Von seinen beklagenswerten Verlusten, den vielen »Hiobsbotschaften«, die ihn erreichten? Es war so schrecklich, dass seine eigene Frau ihm riet: *»Fluche Gott und stirb!«* (Hiob 2,9). Das ist *eine* Art, wie sich Leid auswirken kann: Man reagiert, indem man resigniert und sich aus Enttäuschung von Gott abwendet. Leid kann somit Gott und Mensch auseinanderbringen (Abbildung 1). Not lehrt nicht nur beten, nein, sie lehrt auch fluchen.

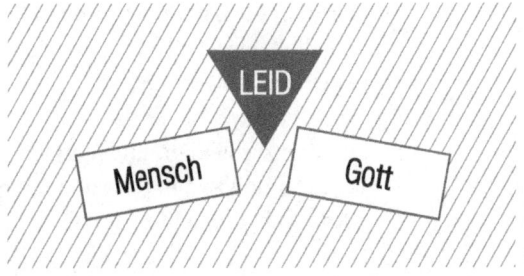

Abbildung 1

Leid kann aber auch genau das Gegenteil bewirken und einen in die Arme Gottes treiben (Abbildung 2). Da ging es einem Menschen stets gut, so gut, dass er nie im Leben nach Gott gefragt hatte. Wozu auch? Man hatte doch (vermeintlich) soweit alles im Griff gehabt. Doch dann passiert etwas Schlimmes. Der Betroffene fängt aus seiner Not heraus doch an zu beten und macht dabei die Erfahrung, dass es Gott geben muss.

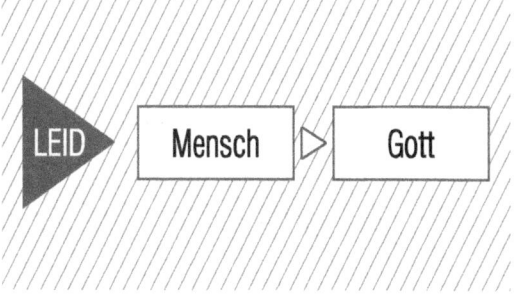

Abbildung 2

In 2. Korinther 7,10 schreibt der Apostel Paulus: »*Denn ein gottgewollter Schmerz führt zu einer veränderten Einstellung und so zu der Rettung, die man nie bereut. Doch der Schmerz, der von der Welt verursacht wird, führt zum Tod.*« Es heißt dort nicht: »Gott verursacht Traurigkeit«, sondern: »Gott kann sie benutzen«. Er will meine und Ihre Lebenssituation gebrauchen, um uns näher zu sich hinzuziehen.

Lesen Sie mal »Hiobs Botschaft«! Seine Theologie wurde zwar erschüttert, nicht aber sein Glaube an Gott. Dieser gewann vielmehr an Tiefe.

DER LEIB UND SONST NICHTS

Der bereits erwähnte querschnittsgelähmte Samuel Koch beschreibt in seinem Buch »Rolle vorwärts«, wie er nach dem Unfall sein Gottesbild korrigieren musste. Er zog – christlich aufgewachsen – auch die Option in Betracht, dass es Gott vielleicht gar nicht gebe und dass der Glaube nur eine Krücke sei. Doch bald verwarf er seine Zweifel wieder. Er gebraucht ein schönes Beispiel:

»Wer einen kaputten DVD-Player hat, reklamiert ihn im Fachgeschäft. Und so wende ich mich mit meinem kaputten Rückenmark logischerweise ebenfalls an den Hersteller, nachdem der Kundendienst mir nicht helfen konnte.«[23]

Nachdenklich stellt Koch fest, dass dieser Gott offensichtlich andere Prioritäten hat als physische Gesundheit und Beweglichkeit.

Unser Körper, sosehr er uns nützt, ist »nur« unser Körper. Im Blick auf Menschen, die den Jüngern von Jesus körperlich schaden wollten, sagt Jesus einmal: »*Meine Freunde, ich sage euch: Habt keine Angst vor denen, die nur den Leib töten, euch darüber hinaus aber nichts anhaben können*« (Lukas 12,4).

Dass Christen aufgrund ihres Glaubens verfolgt werden, war nicht nur während des Römischen Reiches der Fall. Technisch versierte *westliche* Christen verstehen unter »Verfolger« heute allenfalls einen Scheinwerfer, der den Prediger blendet. Weltweit aber werden von Verfolgern hunderttausende Prediger geschändet. Darauf hatte Jesus seine Jünger vorbereitet: »*Wenn sie mich verfolgt haben, werden sie auch euch verfolgen*« (Johannes 15,20). Das hat die Gemeinde von Jesus erlebt und das erlebt sie gegenwärtig auch. Vor diesem Hintergrund sagt Jesus: »*Habt keine Angst vor denen, die nur den Leib töten*«, und fügt sinngemäß hinzu: »Mehr als euch umzubringen, können sie nicht tun.« Das meint er alles andere als sarkastisch.

Wir meinen oft, das Wirkliche sei allein das Sichtbare. – Weit gefehlt. Die Realität ist *nicht* auf das Sehbare und Absehbare beschränkt. Der Körper ist nur *ein Teil* von uns – ein eher unbedeutender sogar. Der ganze Mensch besteht aus Geist, Seele *und* Leib. So grausam das ist, aber Gegner können einem Jesus-Jünger allenfalls körperlich Schaden zufügen.

An seinen unsterblichen Teil aber kommen sie nicht heran. Hinter dem Horizont geht's weiter!

Wenn die ersten Christen nicht fest mit dem ewigen Leben gerechnet hätten, dann wäre das Christentum eine Episode geblieben. Doch Christen leben nicht für jetzt, sondern für immer!

Haben Sie den Film *Sophie Scholl – Die letzten Tage* gesehen? »In wenigen Minuten sehen wir uns in der Ewigkeit wieder«, sagte Christoph Probst zu Sophie Scholl, bevor beide exekutiert wurden. Helmuth James Graf von Moltke bedauerte »diese armseligen Kreaturen« wie den Nazi-Blutrichter Freisler, weil sie »nicht begreifen ... wie wenig sie nehmen können!«[24]

»*Habt keine Angst vor denen, die nur den Leib töten, euch darüber hinaus aber nichts anhaben können*« (Lukas 12,4). Der englische Theologe John Henry Newman (1801–1890) sagte einmal:

»Fürchte nicht, dass dein Leben enden wird, sondern fürchte lieber, dass es nie beginnen wird.«[25]

Dass das Leben hier auf der Erde einmal zu Ende geht, kann niemand verhindern. Viel schlimmer ist es tatsächlich, wenn es zuvor nie richtig anfangen hat. Haben Sie Angst, das Wichtigste zu verpassen! Das Leben beginnt, wenn Sie Jesus

Christus hinein lassen. Es führt dann hin zu Gottes Herrlichkeit. Und es hört nie wieder auf.

Konzentrieren Sie sich nicht auf Ihre Bedränger, sondern auf Gott! Selbst den fürchterlichsten Menschen gebührt keine Furcht. Gott aber gebührt *Ehrfurcht*. Gott, der *nach dem Töten* über Ihr jenseitiges Schicksal entscheidet (Lukas 12,5). Wer an Jesus glaubt, geht nicht verloren![26] Bedrohungen sind vorläufig. Die Hoffnung von uns Christen, die wir es ernst meinen mit Jesus, ist, dass Gott bald den Vorhang heben wird. Er wird die Verbände abreißen, und darunter ist alles heil.

Meine Schwägerin Anja starb mit 43 Jahren an Krebs. Auf ihrer Todesanzeige stand: »Am Ziel!« Sie ist aus dem Krankenhaus mit Namen »Erde« entlassen worden. Sie und ich dagegen, wir wandern immer noch auf den langen Gängen umher, atmen den Geruch der Medikamente ... Anja aber atmet schon den Frühling. Sie ist im Himmel und hat keine Schmerzen, keine Zweifel, keine Kämpfe mehr ... auch wenn wir sie vermissen.[27]

LEIDEN SIND KEINE HERREN

Ich will uns nicht allein auf das Jenseits vertrösten. Der Glaube bewährt sich schon hier auf der Erde und der Glaubende steht mit beiden Beinen auf derselben. In Römer 8,32 hebt der Apostel Paulus die Großzügigkeit Gottes hervor: »*Er hat nicht einmal seinen eigenen Sohn verschont, sondern ihn für uns alle ausgeliefert: Wird er uns dann noch irgendetwas vorenthalten?*« Mit anderen Worten: Wer mit den Millionen um sich wirft, der wird nicht mit dem Cent geizen. Wer in Jesus seine ganze Liebe unter Beweis gestellt hat, der liebt uns wirklich und der lässt sich davon durch nichts abbringen.

Wenige Verse weiter vorne, in Vers 28, schreibt Paulus: »*Wir wissen aber, dass Gott bei denen, die ihn lieben, alles zum Guten mitwirken lässt.*« Alles wird gut. Alles, was einem Menschen widerfährt, dient, wenn er Gott liebt, zu seinem Besten. Natürlich sieht manches schlecht aus, es schmeckt schlecht und es fühlt sich schlecht an, aber die Bibel sagt hier, dass es uns trotzdem zum Besten dienen wird – vorausgesetzt, wir lieben Gott. Siegfried Kettling will unsere Blickrichtung ändern, wenn er schreibt:

»›Dienen‹ müssen uns die Dinge, auch Einsamkeit, Enttäuschung, Depressionen, Krankheit und Tod ... Sie sind nicht unsere Herren, wir nicht ihre Sklaven. Sie sind uns als ›Bedienstete‹ beigegeben, als Mittel, als Material zu unserem Heil.«[28]

Schmerz und Schwierigkeit sind keine Tyrannen, die uns zerstören wollen, sondern es sind Diener, die uns zur Seite gestellt werden, damit das geschieht, was in Abbildung 2 dargestellt ist, nämlich, dass wir näher zu Gott kommen.

In einem Buch, das der Fernsehjournalist Peter Hahne in den 90er-Jahren über die Frage nach dem Leid geschrieben hat, berichtet er über den sozialdemokratischen Reichstagsabgeordneten Carlo Mierendorff (1897–1943), ein Opfer des Nationalsozialismus. Von 1933 bis 1938 litt er in den Konzentrationslagern Osthofen, Börgermoor, Papenburg, Lichtenburg und Buchenwald sowie im Gefängnis der Gestapo in der Berliner Prinz-Albrecht-Straße.

»Nach seiner Freilassung sagte er zum Fürsten Fugger, mit dem er die Lagerhaft geteilt hatte: ›Wissen Sie, als Atheist bin ich ins KZ gekommen; und nach dem, was ich dort erlebt habe, verließ ich es als gläubiger Christ.‹«[29]

Was diesem Mann im Konzentrationslager während des Dritten Reiches widerfuhr, kann man nur erahnen; und auch was er zwischen den beiden Glaubensbekenntnissen »Atheist« und »gläubiger Christ« an innerer göttlicher Zuwendung erlebte. Man kann es so sagen wie der amerikanische Pastor Rick Warren:

»Seit Jesus liebt es Gott, aus Kreuzigungen Auferstehungen zu machen.«[30]

Auch in weniger dramatischen Situationen kann Tragik einen Menschen wachrütteln oder gar auferwecken. Ein 17-Jähriger, den ich unmittelbar zuvor kennengelernt hatte, klagte mir einmal sein Leid darüber, dass eine Woche vorher seine Freundin, mit der er ein Jahr lang zusammen gewesen war, mit ihm »Schluss gemacht« hätte. Ich litt bei seiner Schilderung richtig mit. Dann sagte er Folgendes – wörtliches Zitat (!): »In meiner pubertären Phase habe ich immer behauptet, es gäbe keinen Gott. Aber seit einer Woche erwische ich mich ständig selbst dabei, dass ich bete.« Eine Erschütterung kann Leute, denen es zuvor gut ging, offensichtlich dazu führen, die wichtigste aller Fragen zu stellen, nämlich die nach Gott.

Es mag der Thematik gegenüber ein wenig respektlos klingen, aber es ist etwas Wahres dran: Was haben Kartoffeln und Menschen gemeinsam? Beiden gehen die Augen auf, wenn sie im Dreck stecken.

Ich hatte einen alten Freund, Heinz Ebert. Als er noch ein junger Mann war, erlitt er bei einem Zugunglück einen Schädelbruch – 40 andere starben sogar. Heinz Ebert war von diesem schicksalhaften Tag an taub. Eigentlich war er von lebensfroher Natur. Doch seine Behinderung ließ ihn schwermütig werden. Zwar war er in der Lage, Lippenbewegungen zu lesen, doch gesellige Runden waren mehr als anstrengend für ihn, weil er nie mitbekam, worum es in den Gesprächen gerade ging.

Ich besuchte Heinz, als er noch in Dillenburg wohnte, oft. Was mich immer am meisten erstaunte, war, wenn er mir versicherte: »Ich kann Gott heute nur für meine Gehörlosigkeit danken. Ich hätte in meinem Leben, wenn es so weiter verlaufen wäre wie bis vor dem Unglück, nie eine so innige Beziehung zu Gott bekommen, wie ich sie jetzt habe.«

Heinz war ein Glaubensvorbild für mich. Mit 88 erlitt er einen Schlaganfall. Ich hatte die Gelegenheit, ihn noch einmal in einer Frankfurter Klinik zu besuchen. Er strahlte über das ganze Gesicht, als ich sein Krankenzimmer betrat. In unserem Gespräch ließ er mich wissen, dass er sich dort nicht langweile. Seine Erklärung: »Ich finde den ganzen Tag Gründe, Gott zu danken.« Und es klang glaubhaft. Da saß kein bedauernswerter Greis in seinem Bett, sondern ein beneidenswerter. Heinz' letzte Worte mir gegenüber waren: »Vergiss nie das Danken.« Einen zweiten Schlaganfall wenige Tage später überlebte er nicht.

Das alles ist nicht vom grünen Tisch erzählt, sondern da stecken tiefe Lebenserfahrungen dahinter. Wo ist Gott im Leid? »*Nah ist Jahwe allen, die zu ihm rufen, allen, die dabei aufrichtig sind*« (Psalm 145,18). In guten Zeiten lassen die meisten Gott einen guten Mann sein. Ob Gott manchmal eine Zwangslage zulässt, damit wir (freiwillig) gezwungen sind, ihn aufzusuchen? Gibt es deshalb die vielen verletzten Herzen? »*Nah ist Jahwe den gebrochenen Herzen, bedrückten Seelen hilft er auf*« (Psalm 34,19).

Muss Gott den einen oder anderen auf den Rücken legen, damit er zum Himmel sieht? Ich schreibe das zurückhaltend und doch von ungezählten Biografien gestützt. Bei einer Veranstaltung, bei der ich predigte, wurde im Vorprogramm ein junger Christ nach seiner schweren Krankheit gefragt und wie er diese mit seinem Glauben vereinbaren könne. Ich war einmal mehr beeindruckt, als er in großem Ernst sagte: »Der Krebs hat mir mehr gegeben, als er mir genommen hat.«

Tausendfach bewahrheitet sich, was C. S. Lewis geschrieben hat:

»Der Schmerz ... besteht darauf, dass man sich mit ihm befasst. Gott flüstert in unseren Freuden, er spricht in unserem

Gewissen; in unseren Schmerzen aber ruft er laut. Sie sind sein Megaphon, eine taube Welt aufzuwecken.«[31]

> In Johannes, Kapitel 5, wird uns eines von vielen Wundern berichtet, die Jesus getan hat. Einem Mann, der 38 Jahre lang bewegungsunfähig gewesen war, half Jesus wieder auf die Beine. Dann folgt ein bemerkenswertes Statement. Jesus begegnet dem Geheilten im Tempel wieder und sagt ihm: »*Hör zu! Du bist jetzt gesund. Sündige nicht mehr, damit dir nicht noch Schlimmeres passiert!*« (Johannes 5,14). Gibt es Schlimmeres, als 38 Jahre schwer krank zu sein? Ja, gibt es! Nämlich eine Ewigkeit in der Gottesferne verbringen zu müssen. Das Größte ist, wenn ein Mensch sich zu Jesus bekehrt und das ewige Leben findet, das Schlimmste dagegen ist die Hölle. Ich glaube, dass Gott manchmal Leid zulässt, um uns vor dem noch Schlimmeren zu bewahren. Wenn jemand sich in seiner Not an Gott wendet, darf er erwarten, dass Gott ihn erretten wird.[32]
>
> Stellen Sie sich folgende Szene vor: Ein Kleinkind läuft auf die Straße, ohne zu merken, dass da ein Lastwagen auf es zurast. Der Vater steht daneben. Er wird doch alles versuchen, um sein Kind vor der Katastrophe zu bewahren, oder? Er wird es zurückzerren, auch wenn er ihm dabei die Klamotten kaputtreißt. Er wird

es zurückzerren, selbst wenn er ihm dabei den Arm auskugelt. Vordergründig könnte man sagen: »Was für ein grausamer Vater, der seinem eigenen Kind so etwas antut!« Aber man muss die gesamte Situation sehen: Wenn Leid dazu führt, dass sich dadurch Menschen hilfesuchend an Jesus Christus wenden und sie aus der Gefahrenzone der Sünde errettet werden, dann sind sie vor dem noch viel Schlimmeren bewahrt worden.

Manchmal bemitleiden wir die Falschen. Es gibt Menschen mit Behinderung etwa, die äußerlich zwar beeinträchtigt sind, aber innerlich froh und glücklich. Ich habe in Bayern einen Christen kennengelernt, der im Rollstuhl sitzt. Der junge Mann strahlt eine unglaublich ansteckende Heiterkeit aus. Wer ihn darauf anspricht, bekommt die Begründung, dass es Jesus ist, der ihn so froh macht. Auf der anderen Seite *beneiden* wir auch manchmal die Falschen. Das sind Leute, die zwar äußerlich reich und schön, innerlich aber völlig ausgebrannt sind. Warum? Weil sie immerzu auf der Suche nach mehr sind; sie jagen dem Bild von einem Leben hinterher, das sie niemals erreichen werden. Sie sind nie zufrieden, dafür aber äußerst erschöpft.[33] Ja, manchmal bemitleiden wir wohl die Falschen. Und manchmal beneiden wir die Falschen.

WO LAUFEN SIE?

Die folgende Geschichte will ich Ihnen am Ende nicht vorenthalten. Ich hörte sie einmal in einem Vortrag des Kanadiers Doyle Klaassen, früherer Leiter der *Bibelschule Brake:* Eine Frau hatte einen Sohn, der nicht laufen konnte. Seine Beine waren entstellt. Die besorgte Mutter konsultierte alle möglichen Ärzte, bis sie schließlich einen Spezialisten traf, der eine Operation wagte. Der Eingriff gelang, sodass die Beeinträchtigung des Jungen nach einer Rehabilitation vollständig aufgehoben war; er konnte laufen und springen wie andere Kinder auch. Nach vielen Jahren traf die Mutter jenen Chirurgen wieder, der sich gut an seinen Patienten von damals erinnern konnte. »Was ist aus ihm geworden?«, wollte der Mediziner wissen. »Ist er Feuerwehrmann geworden? Oder auch ein Arzt wie ich? Oder sonst ein Menschenfreund?« Die Mutter schaute traurig drein. »Nein«, sagte sie mit Tränen in den Augen, »mein Sohn sitzt im Gefängnis – wegen Mord.« Und dann fügte sie einen denkwürdigen Satz hinzu: »Wir haben ihn gelehrt, *wie* man laufen muss, aber nicht, *wo* man laufen muss!«

Sehen Sie: Es gibt Wichtigeres als Gesundheit. Die äußeren Umstände sind nicht alles. Ich frage Sie nicht: »Wie läuft's denn so bei Ihnen?«, sondern ich frage: »*Wo* laufen Sie? Wohin führt die Straße, auf der Sie unterwegs sind? Gehen Sie mit Gott? Getrennt von Gott? Und gehen Sie einmal *zu* Gott?«

Nicht nur, dass man als Christ einen neuen Blickwinkel erhält und die Dinge von der Ewigkeit her anders aussehen ... mit Jesus zusammen läuft ein Mensch auch wesentlich leichter. Jesus sagte: »*Kommt alle zu mir, die ihr geplagt und mit Lasten beschwert seid! Bei mir erholt ihr euch. Unterstellt euch mir und lernt von mir! ... Dann kommt Ruhe in euer Leben. Denn mein Joch trägt sich gut und meine Last ist leicht*« (Matthäus 11,28-30). Zugegeben, es klingt unlogisch, dass diejenigen, die bereits geplagt sind, Ruhe finden sollen, indem sie ein neues Joch oder eine neue Last auferlegt bekommen. Jesus sagt: »*Meine Last ist leicht.*« Wie soll ein zusätzliches Joch – selbst, wenn es leicht ist – einer bereits geplagten Seele Erholung bringen? Aber es ist nicht irgendein Joch, das Jesus auferlegt, sondern es ist das Joch, das er selbst getragen hat. Schauen Sie sich im Internet Bilder unter dem Suchbegriff »Joch« an; Sie werden feststellen, dass unter ein Joch immer zwei gehören. Jesus sagt, während er selbst unter dem Joch steht, zu jedem Patienten und jedem Pechvogel: »*Kommt alle zu mir, die ihr geplagt und mit Lasten beschwert seid! Bei mir erholt ihr euch. Unterstellt euch mir und lernt von mir!«*

Man nannte ihn den Erzbischoff der Freien Kirchen: Frederick Brotherton Meyer (1847–1929). Der Baptistenprediger erzählt von einem Farmer in Minnesota, der ein Joch mit »wundervollen weißen Ochsen« besaß. Wenn einer dieser Ochsen eingespannt wurde, kam der andere – selbst wenn er auf der anderen Seite des Anwesens war – angetrottet. Er stellte sich neben den einen, bis auch er eingespannt wurde.

»Jesus steht heute mit dem Joch auf seinen Schultern da und ruft jedem zu und sagt: ›Komm und teile mein Joch und lass uns gemeinsam die lange Furche deines Lebens pflügen. Ich werde dir ein wahrer Joch-Freund sein. Die Last wird auf mir liegen. Halte du nur Schritt mit mir und du wirst Ruhe finden für deine Seele.‹«[34]

»*Kommt zu mir ...*« Man kommt in die Gegenwart von Jesus, indem man betet. Bekennen Sie dem Herrn Jesus Christus die Schuld, die Sie bei sich selbst entdecken. Während Sie die Sündenlast bei ihm ablegen, legt sich das sanfte Joch auf Ihre Schultern. Sie werden merken: Es trägt sich gut. Es ist leicht. Überlassen Sie nun Jesus die Führung. Er wird fortan Ihr Herr und Heiland (Retter) sein.

Dachten Sie, Gott schweigt? Der Liedermacher Manfred Siebald hat in einem seiner Chansons geschrieben:

»Und wenn Gott schweigt –
dann wollen alle Zweifel in uns nisten,
die sonst ein Wort von ihm zur Seite schiebt.
Und schließlich ist uns so, als ob wir wüssten,
dass es am Ende Gott wohl gar nicht gibt.

Doch wenn Gott schweigt –
hat er vielleicht auch nur in unser Leben
so oft hineingesprochen, dass er nun
erst wartet, dass wir
endlich Antwort geben,
und dass wir endlich seinen Willen tun.«[35]

Hat Gott in Ihr Leben hineingesprochen, ohne dass Sie es als sein Reden wahrgenommen haben? Er hat es vermutlich oft getan – in den Umständen Ihres Lebens. Und nicht zuletzt hat er es getan in seinem Sohn Jesus.

»Am Kreuz kam die Gnade am deutlichsten zum Ausdruck; hier wurde Gottes Absicht offenbar, die Menschen zu retten; hier wurde die ewige Liebe Gottes unmissverständlich dargestellt. Was bliebe noch zu sagen? Nichts! Darum schweigt auch Gott, weil er bereits am Kreuz so deutlich wie nur möglich von seiner Liebe, Güte, Gnade, Barmherzigkeit und Erlösung gesprochen hat ... Menschen weisen auf die traurigen Episoden im menschlichen Leben auf dieser Erde hin und fragen: ›Wo ist die Liebe Gottes?‹ Gott aber weist auf jenes Kreuz hin, wo er rückhaltlos seine Liebe offenbarte, die so unbegreiflich und unendlich ist, dass sie jeder Herausforderung begegnen und in alle Ewigkeit jeden Zweifel zum Schweigen bringen kann.«[36]

> So Sir Robert Anderson (1841–1918), leitender Polizist bei *Scotland Yard*, in seinem Buch *The Silence of God* (Das Schweigen Gottes). Vielleicht schweigt Gott Sie an. Warum? Weil er bereits geredet hat und nun Sie an der Reihe sind. Antworten Sie ihm! Sagen Sie »Ja« zu seiner Einladung!
>
> Wenn Sie früher relativ sorgenfrei unterwegs waren und aus heiterem Himmel mit Leid konfrontiert wurden, wenn Sie sich nun besinnen und aus Ihrer Not heraus beten und Ihre Zuflucht bei Jesus Christus suchen, dann kann Leid die alles entscheidende Umkehr bewirken. Es kann Ihnen zum Heil, zur Rettung werden, dann, wenn Sie im Vertrauen auf den Herrn Jesus Christus neues, ewiges Leben finden. So heißt es in Jesaja 38,17: »*Doch zum Heil wurde mir das bittere Leid!*«

ANMERKUNGEN

1 Das Wort »Theodizee« (*theós* = Gott; *díke* = Rechtsstreit) bedeutet »Rechtsstreit mit Gott«. In diesem Streit wird gefragt, ob Gott ungerecht (vgl. Römer 3,5) und wie er angesichts des Bösen und des Leidens zu rechtfertigen sei. Taschenlexikon Religion und Theologie, Band 5: S-Z, *Vierte, neu bearbeitete und stark erweiterte Auflage* (Hrsg. Erwin Fahlbusch), Vadenhoeck & Ruprecht, Göttingen 1983, S. 161.

2 Simon Demmelhuber, »*Wo warst du Gott?*«, Internet: br.de/radio/bayern2/wissen/radiowissen/religion/theodizee-frage-gott-104.html (17.12.15).

3 Auch Aylans Bruder Galip und seine Mutter überlebten den Medienberichten zufolge die Überfahrt nicht.

4 Internet: forum.pflegenetz.net/archive/index.php?t-17490 (22.09.15).

5 Die Bibel: Matthäus 27,39.

6 Als Jesus geboren wurde, war es Nacht und es wurde hell: »*In der gleichen Nacht hielten ein paar Hirten draußen auf dem freien Feld Wache bei ihren Herden. Plötzlich trat ein Engel des Herrn zu ihnen, und das Licht der Herrlichkeit Gottes umstrahlte sie. Sie erschraken sehr und hatten Angst*« (Lukas 2,8-9). Als Jesus starb, war es Tag und es wurde dunkel: »*Um zwölf Uhr mittags wurde der Himmel über dem ganzen Land plötzlich finster. Das dauerte drei Stunden*« (Matthäus 27,45). Wir sehen hier zwei Zeichen, die Jesus bestätigen, wenn er sagt: »*Ich bin das Licht der Welt!*« (Johannes 8,12).

7 Die Bibel: z. B. Jeremia 44,23.

8 Die Bibel: z. B. Römer 15,33; 16,20.

9 Die Bibel: z. B. 1. Johannes 4,16.

10 C. S. Lewis, *Über den Schmerz, Vielleicht ist diese Welt nicht die denkbar beste, aber es ist die einzig mögliche*, Brunnen Verlag, Gießen/Basel 1988, S. 89.

11 Samuel Koch, *Rolle vorwärts, Das Leben geht weiter, als man denkt*, Adeo Verlag, Asslar 2015, S. 209-210.

12 Philip Yancey, *Der unbekannte Jesus, Entdeckungen eines Christen*, R. Brockhaus Verlag, Wuppertal 2001, S. 181.

13 Chlamydiose z. B. oder Tripper (Gonorrhoe) oder Syphilis.

14 Das komplette Statement auf Englisch nachzulesen im Internet: http://www.airborne.org/watchman/index.htm unter »Sept 11 & God« (17.12.15).

15 Die Bibel: 1. Mose 1,31.

16 Stephan Holthaus, *Apologetik, Eine Einführung in die Verteidigung des christlichen Glaubens*, Jota Verlag, Hammerbrücke 2009, S. 139.

17 Norman L. Geisler, Ron M. Brooks, *Wenn Skeptiker fragen, Fragen an den christlichen Glauben*, Christliche Verlagsgesellschaft, Dillenburg 1996, S. 82.

18 Siegfried Kettling, *Du gibst mich nicht dem Tode preis, Biblisch-theologische Grundlegung und persönliche Erfahrung*, Brockhaus Verlag, Wuppertal 1989, S. 20.

19 Veröffentlicht in: *Geistliche Lieder, zweite verbesserte Auflage*, Stuttgart Verlag von Samuel Gottlieb Liesching, Stuttgart 1847.

20 Zitiert bei: Peter Hahne, Leid, *Warum lässt Gott das zu?*, Hänssler Verlag, Neuhausen-Stuttgart 1998, S. 34.

21 Zitiert bei: Ravi Zacharias, *Sehnsucht des Herzens, Gottes Nähe wieder spüren*, Brunnen Verlag, Gießen 2003, S. 90.

22 Die Bibel: Hiob 3,11-13.16-18.

23 Koch, S. 209.

24 Beide zitiert bei: Markus Spieker, *Mehrwert, Glauben in heftigen Zeiten*, Verlag der St.-Johannis-Druckerei, Lahr/Schwarzwald 2007, S. 98.

25 Internet: aphorismen.de/suche?text=&autor_quelle=John+Henry+Newman&thema= (06.11.15).

26 Die Bibel in Johannes 3,16: »*Denn so hat Gott der Welt seine Liebe gezeigt: Er gab seinen einzigen Sohn dafür, dass jeder, der an ihn glaubt, nicht ins Verderben geht, sondern ewiges Leben hat.*«

27 Formulierungen nach Max Lucado/Monica Hall, *Wie man Riesen besiegt, Für Teens*, Gerth Medien, Asslar 2009, S. 119-120.

28 Kettling, S. 21.

29 Hahne, S. 33.

30 Rick Warren, *Zwölf, Gottes Antworten auf schwierige Lebensfragen*, Gerth Medien, Asslar 2007, S. 183.

31 Lewis, S. 93.

32 Die Bibel in Psalm 50,15: »*Und wenn du in Not bist, rufe mich an! Dann will ich dich retten – und du wirst mich ehren!*«

33 Zufriedenheit bedeutet für diesen Typen Mensch Stillstand. Aber wäre es nicht richtiger, Zufriedenheit mit Dankbarkeit zu verbinden?

34 F. B. Meyer, *In der Hand des Meisters*, Calvery Books e. V., Hannover 2013, S. 109-110.

35 Manfred Siebald, *Und wenn Gott schweigt*, auf dem Album *Spuren*, 1999.

36 Zitiert bei Bernard L. Ramm, E*in christlicher Appell an die Vernunft*, ICI – Deutsches Büro, Asslar 1995, S. 159-160.

Hartmut Jaeger/Markus Wäsch (Hg.)
kurzgefasst

In der Reihe *kurzgefasst* werden zentrale Glaubensthemen kurz und bündig behandelt, und es wird versucht, das Wichtigste auf den Punkt zu bringen.

Bisher in dieser Reihe erschienen:

Jesus Christus
Best.-Nr. 273 910
ISBN 978-3-89436-910-1

Die Bibel
Best.-Nr. 273 911
ISBN 978-3-89436-911-8

Existiert Gott?
Best.-Nr. 273 938
ISBN 978-3-89436-938-5

Leben nach dem Tod
Best.-Nr. 273 973
ISBN 978-3-89436-973-6

Was bringt Religion?
Best.-Nr. 271 102
ISBN 978-3-86353-102-7

Leben – und wozu?
Best.-Nr. 271 153
ISBN 978-3-86353-153-9

Hartmut Jaeger
Warum das alles?
Persönliche Erfahrungen und Denkanstöße im Leid

Dieses Buch nimmt Stellung zur Frage nach dem Leid.
Es wird deutlich: Wer glaubt, ist besser dran im Leid und
gewinnt sogar eine Perspektive über das Leid hinaus.
Christen geben in diesem Buch Zeugnis davon, wie sie mit
unterschiedlichsten Krisensituationen in ihrem Leben umgegangen sind.

Taschenbuch, 64 Seiten
11 x 18 cm
Best.-Nr. 273 801
ISBN 978-3-89436-801-2